Lukas Koschitzki

E-Procurement

Strategische Beschaffung auf elektronischen Marktplätzen

GRIN Verlag

Bibliografische Information der Deutschen Nationalbibliothek:

Die Deutsche Bibliothek verzeichnet diese Publikation in der Deutschen National-
bibliografie; detaillierte bibliografische Daten sind im Internet über http://dnb.d-
nb.de/ abrufbar.

Impressum:

Copyright © 2010 GRIN Verlag GmbH
Druck und Bindung: Books on Demand GmbH, Norderstedt Germany
ISBN: 978-3-640-79525-3

Dieses Buch bei GRIN:

http://www.grin.com/de/e-book/164263/e-procurement

GRIN - Your knowledge has value

Der GRIN Verlag publiziert seit 1998 wissenschaftliche Arbeiten von Studenten, Hochschullehrern und anderen Akademikern als eBook und gedrucktes Buch. Die Verlagswebsite www.grin.com ist die ideale Plattform zur Veröffentlichung von Hausarbeiten, Abschlussarbeiten, wissenschaftlichen Aufsätzen, Dissertationen und Fachbüchern.

Besuchen Sie uns im Internet:

http://www.grin.com/

http://www.facebook.com/grincom

http://www.twitter.com/grin_com

Hausarbeit im Fach „Supply Management"

E – Procurement
Strategische Beschaffung auf elektronischen Marktplätzen

Inhaltsverzeichnis

Abbildungsverzeichnis

Abkürzungen

B2B	Business to Business
B2C	Business to Costumer
EAN	European Article Number
EDI	Electronic Data Interchange
KMU	Kleine und mittlere Unternehmen
WWW	World Wide Web
XML	Extensible Markup Language

1 Einleitung

Die Beschaffung gehört neben der Produktion und dem Verkauf zu den betrieblichen Grundaufgaben in einem Unternehmen. Sie ist daher maßgeblich am wirtschaftlichen Erfolg der Unternehmung beteiligt. Ihr wird immer mehr eine strategische Rolle zugewiesen und als „Waffe im Kampf um Kostenführerschaft und Gewinnsteigerung eingesetzt"[1]. Diesen Gesichtspunkt lässt sich auch ökonomisch an einem Beispiel so ausdrücken, dass man bei einer Umsatzrendite eines Unternehmen von drei Prozent den Umsatz um 60 % erhöhen müsste, um die selbe Renditewirkung zu erzielen, wie eine Senkung der Beschaffungskosten um drei Prozent.[2] Die strategische Rolle der Beschaffung ist hieraus erkennbar. Um diese Strategie umzusetzen, sind gerade durch die technologische Entwicklung, im speziellen die des Internets und des WWW, den Unternehmen neue Möglichkeiten gegeben, ihre Prozesse in der Beschaffung zu optimieren. Gerade im Hinblick auf das hohe Beschaffungsvolumen eines Unternehmen von 50 bis zu 80 % des Umsatzes[3] sind die Einsparpotentiale ersichtlich. Auf Basis des Internets wurden neue Instrumente bereitgestellt, die die Prozesse in der Beschaffung unterstützen und optimieren, welche unter dem Begriff „E-Procurement" fallen. Für den Begriff lautet eine Definition:

> „E-Procurement bezeichnet die Nutzung von Informations- und Kommunikationstechnologien zur elektronischen Unterstützung und Integration von Beschaffungsprozessen."[4]

Das Ziel durch die Nutzung von E-Procurement Lösungen ist es also durch Zuhilfenahme der elektronischen Hilfsmittel die Beschaffungsprozesse im Hinblick auf die Prozesskosten und das Prozessergebnis zu optimieren.

Im nachfolgenden wird die genaue Wandlung der traditionellen zur technischen, elektronisch unterstützten Beschaffung eingegangen. Es sollen die unterschiedlichen Lösungen des E-Procurement aufgezeigt werden. Speziell soll in dieser Ausarbeitung auf die virtuellen Marktplätze eingegangen werden. Dabei werden die verschiedenen Formen und unterschiedlichen Dienstleistungen, sowie deren Nutzen fürs Unternehmen erläutert werden.

---

1 Vgl. Backhaus (1999), Seite 58
2 Vgl. Wildemann (Interview), Seite 1
3 Vgl. Warschun (2002), Seite 34
4 KPMG Konsulting (2002), Seite 2

2 Beschaffung

Die Beschaffung in einem Unternehmen umfasst „sämtliche unternehmens- und marktbezogenen Tätigkeiten, die darauf gerichtet sind, dem Unternehmen die nötigen, aber nicht selbst hergestellten Objekte verfügbar zu machen."[5] Der Wandel und Ausrichtung des Einkaufs, wie sie in der Abbildung 1 dargestellt ist, wird nachfolgend näher erläutert.

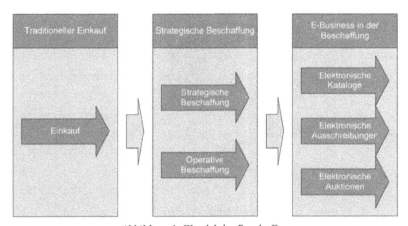

Abbildung 1: Wandel der Beschaffung

2.1 Traditionelle Beschaffung

Im traditionellen Einkauf, wie man ihn heute noch oft in mittelständischen Unternehmen vorfindet, werden alle diese Tätigkeiten durch den Einkauf durchgeführt. Der nächste konsequente Schritt war die strategische Ausrichtung des Einkaufs, im dem zwischen der strategischen und operativen Beschaffung unterschieden wird. Während der strategische Einkauf für die Ermittlung der Bedarfe, Auswahl geeigneter Lieferanten (Anbahnung), sowie den Abschluss von Lieferverträgen mit dem Lieferanten (Vereinbarung) zuständig ist, beschäftigt sich der operative Einkauf mit der Abwicklung der Verträge, sowie deren Kontrolle auf korrekte Durchführung.[6] Trotz dieser Unterteilung fällt der Fokus im Einkauf größtenteils auf administrativen Tätigkeiten bei der Beschaffung. Ihm wird ein Anteil von 62 Prozent bemessen, ohne die zusätzlichen Kosten der anderen Abteilungen zu berücksichtigen.[7]

Gerade bei den häufigsten Bestellungen von Teilen mit einem niedrigen Bestellwert (C -

---

5   Vgl. Arnold (1997), Seite 3
6   Vgl. Nenninger (1999), Seite 12
7   Vgl. Nekolar (2003) Seite 4

Teile) stehen die Prozesskosten in einem überproportionalen Verhältnis zum Einkaufspreis (siehe Abbildung). Als Beispiel für diesen Sachverhalt kann die Frankfurter Flughafen AG genannt werden, bei der die Bestellung eines Bleistiftes auf traditionellem Weg auf ca. 143 € beziffert wird.

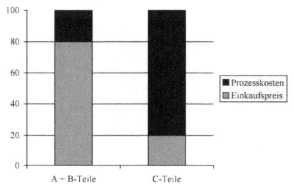

Abbildung 2: Prozesskosten im Verhältnis zum Einkaufspreis

Neben den Prozesskosten müssen hierbei weitere Transaktionskosten z.b. für die Suche und Auswahl der Lieferanten, berücksichtigt werden. Neben den Kosten ist zudem ein langer zeitlicher Ablauf für einen Bestellvorgang ersichtlich. So dauert ein kompletter Bestellvorgang laut Untersuchungen der „Aberdeen Group" im Durchschnitt 7,3 Tage[8]. Weitere negative Aspekte bilden die vielen Medienbrüche, die während des Bestellvorgangs im traditionellen Einkauf stattfinden. Der Bestellvorgang wird telefonisch durchgeführt, muss anschließend manuell ins EDV System nachgetragen werden. Die Lieferscheine und Rechnungen werden per Brief oder FAX zugestellt und müssen evtl. nochmal im EDV System eingepflegt werden. Durch den Einsatz vieler Medien wird der Bestellvorgang aufwendig, kostenintensiv, schwer kontrollierbar und vor allem fehleranfällig.[9] Diese Unkontrollierbarkeit fördert das sogenannte „Maverick Buying", bei denen Bestellungen an an bestehenden Verträgen vorbei bestellt werden.[10]

Zusammenfassend lässt sich sagen, dass der traditionelle Einkauf viele Schwächen in der Effizienz aufweist. Durch diese Schwächen entsteht jedoch ein hohes Einsparpotential.

---

8 Vgl. Held (2003), Seite 132
9 Vgl. Nenninger (1999), Seite 13
10 Vgl. Wannenwetsch (2008), Seite 67 ff

2.2 Elektronische Beschaffung

Eine Umstellung der Beschaffung auf elektronische Mittel gibt es durch EDI schon lange. Es handelt sich dabei um einen elektronischen Austausch von Geschäftsdaten (z.B. Bestellungen, Rechnungen) in einem standardisierten Format.[11] Die Technik stellte eine private Punkt-zu-Punkt Verbindung zwischen zwei Geschäftspartnern dar und bietet lediglich die Möglichkeit des Austausches der vereinbarten Dokumente. Zusammen mit den hohen Kosten für den Einsatz der Technologie blieb diese hauptsächlich größeren Unternehmen vorbehalten. Durch die Verbreitung und günstigen Zugang zum Internet stehen den Unternehmen neue Möglichkeiten der Beschaffung zur Verfügung. Durch die Zuhilfenahme der elektronischen Lösungen im Beschaffungsprozess können viele Probleme der klassischen Beschaffung beseitigt werden.[12] Zum einen wird Zeit für wiederkehrende Aufgaben, wie z.B. die Suche nach Lieferanten und Produkten, durch die elektronische Unterstützung eingespart. Die geltenden Einkaufsregularien werden beim Bestellvorgang benutzt und werden nicht mehr umgangen. Dadurch dass die Bestellabwicklung, sowie das Genehmigungsverfahren, durch die Automation effizienter und schneller abgewickelt werden können, werden zeitliche Ersparnisse erzielt. Zusammenfassen wird versucht folgende positive Auswirkungen zu erzielen:

- Reduzierung der Prozess- / Durchlaufzeit um bis zu 83 Prozent[13]

- Reduktion der Beschaffungskosten

- Qualitätsverbesserung und Erhöhung der Transparenz in der Beschaffung

All diese Ziele beim Einsatz von E-Procurement haben zur Folge, dass der Einkauf von seiner administrativen Aufgabe weg, zu seiner strategischen Ausrichtung, um z.B. Lieferverträge auszuhandeln oder die Geschäftsbeziehungen zu den Lieferanten zu pflegen, eingesetzt werden kann. Der administrative Anteil von genannten 62 Prozent kann so auf 18 Prozent gesenkt werden. Der Fokus wird auf die strategische Komponente ausgelegt, wie das nachfolgende Diagramm verdeutlicht.[14]

---

11 Vgl. Bullinger, Berres (2000), Seite 29
12 Vgl. Kollmann (2009), Seite 86
13 Vgl Wirtz (2001), Seite 339
14 Vgl. Nekolar (2003), Seite 4f

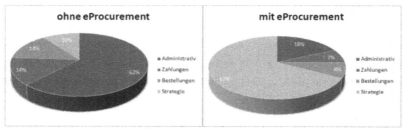

Abbildung 3: Fokus der Beschaffung

Stets beachtet sollte werden, welche Beschaffungsobjekte sich für den Einsatz bei der Beschaffung in Form einer E-Procurement Lösung eigenen. Nicht bei allen Produktgütern lassen sich gleiche Einsparpotentiale verwirklichen. Ob sich ein Produkt für die Beschaffung über E-Procurement Lösungen eignet, kann durch eine Kategorisierung einer Produktgruppe anhand der drei Faktoren der Kosten-Standard-Matrix beurteilt werden.[15]

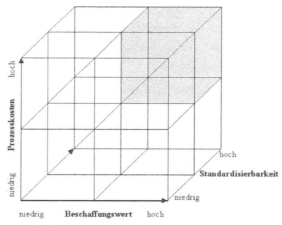

Abbildung 4: Kosten/Standard Matrix im E-Procurement

Je näher sich das Produkt in den Quadranten mit einem hohen Beschaffungswert, hoher Standardisierbarkeit und hohen Prozesskosten kategorisieren lässt, um so geeigneter ist das Produkt für eine elektronische Beschaffung. Die Bedeutung der Faktoren wird nachfolgende näher erläutert:

- Standardisierbarkeit: standardisierte und homogene Waren und Dienstleistungen, die wenig Erklärungsbedürftigkeit aufweisen, eigenen sich

---
15 Vgl. Wannenwetsch (2002), Seite 45

für die elektronische Beschaffung. Dies trifft primär auf C- und MRO-Güter zu, kann aber durch eine Definition konkreter Funktions- und Qualitätsmerkmale auch auf A- und B-Güter erfolgen.[16]

- Beschaffungswert: Beim Beschaffungswert werden die Faktoren Beschaffungshäufigkeit und Bestellvolumen einer Produktgruppe herangezogen, nicht der Wert eines einzelnen Objektes. Je höher beide Werte sind, desto besser geeignet ist der Artikel für eine E-Procurement Lösung.[17]

- Prozesskosten: Ist der Beschaffungsprozess für einen Artikel mit hohem administrativen Aufwand verbunden, so kann dieser durch eine Neustrukturierung unter Zuhilfenahme elektronischer Lösungen minimiert werden.[18]

Beachtet werden muss, dass eine hohe Standardisierbarkeit als Grundvoraussetzung erfüllt sein muss.[19] Zudem hat die Sicht auf den Einstandspreis der Ware nicht mehr die primäre Aufmerksamkeit, sondern die auf den gesamten Preis für die Beschaffung, die beim Erwerb der Ware entstehen. Diese Kosten übersteigen oft den Wert der Ware um ein Vielfaches und werden unter dem Begriff „Total Cost of Ownership" zusammengefasst.

3 Elektronische Marktplätze

Eine technische Umsetzung von E-Procurement kann in Form von elektronischen Marktplätzen erfolgen. Ein elektronischer Marktplatz „steht allgemein als Begriff für die marktliche Organisation des elektronischen Handels von Produkten bzw. Dienstleistungen durch einen Marktplatzbetreiber über digitale Netzwerke. Damit erfolgt eine eine Integration innovativer Informations- und Kommunikations- technologien zur Unterstützung bzw. Abwicklung von operativen, taktischen und strategischen Aufgaben im Handels- bzw. Marktbereich."[20]

Dabei unterscheidet sich ein elektronischer, virtueller Marktplatz entscheidend von einem realen Marktplatz. Ein virtueller Marktplatz unterliegt zum einen keinen physischen Restriktionen. In ihm sind weder zeitliche, noch räumliche Einschränkungen gegeben, so dass es keinen direkten abgestimmten Kontakt zwischen dem Käufer und

16 Vgl. Kollmann 2009 Seite 128
17 Vgl. Kollmann 2009 S. 128
18 Vgl. Wannenwetch 2002 Seite 46
19 Vgl. Kollmann 2009, S. 128
20 Kollmann 2009, S. 379

Verkäufer benötigt. Die Teilnehmer können zu jeder Zeit (24 Stunde am Tag) an jedem Ort der Welt (Internetzugang vorausgesetzt) am Marktgeschehen teilnehmen. Des weiteren kann der Marktplatzbetreiber durch die elektronische Informationsverarbeitung den Marktteilnehmern mehr Möglichkeiten bieten als lediglich das zur Verfügung stellen des Handelsraums. Eine Übersicht der Grundidee des elektronischen Marktplatzes ist dem nachfolgenden Schema zu entnehmen.

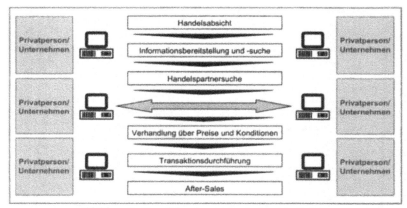

Abbildung 5: Grundidee des elektronischen Marktplatzes

Die drei Hauptaufgaben eines Marktplatzes sind:[21]

- das Zusammenbringen von Käufer- und Verkäuferinteressen

- das Ermöglichen von Informations-, Güter- und Dienstleistungsaustausch und der damit verbundenen Zahlungstransaktionen

- Bereitstellen einer institutionellen Infrastruktur sowie eines rechtlichen bzw. regulativen Umfeldes zur effizienten Realisierung der Transaktion

3.1 Marktplatztypen

Marktplätze lassen sich anhand mehrerer Arten unterscheiden. Ein konkreter Marktplatz kann für mehrere dieser Arten zutreffen.

B2B – C2C – B2B Marktplätze

Als erstes lassen sich Marktplätze anhand des Käufer – Verkäuferverhältnisses kategorisieren. Im B2B Bereich kommen auf Käufer- und Verkäuferseite Unternehmen zusammen. Ein B2C Marktplatz richtet sich an Privatkunden. Bekanntester Vertreter

---

21 Vgl. Bakos (1998), Seite 35 - 37

dieser Art ist Amazon. Der C2C Marktplatz ist für Geschäfte zwischen Privatpersonen gedacht (z.B. eBay).

Horizontale – Vertikale Marktplätze

Auf vertikalen Marktplätzen wird die Nachfrage einer bestimmten Branche befriedigt. Es werden spezialisierte und branchenspezifische Lösungen angeboten. Das Angebot an Produkten und Dienstleistungen deckt die gesamte Wertschöpfungskette ab. Diese Marktplätze integrieren bereits branchenspezifische Funktionen, so dass für die Nutzer meistens eine Sachkenntnis vorausgesetzt wird.[22] Da die Teilnehmer dieser Marktplätze fachlich eng gekoppelt sind, werden z.B. Funktionen für eine gemeinsame Produktentwicklung (Colloborative Product Development) oder das Supply Cain Management.

Horizontale Marktplätze hingegen bieten branchenübergreifende Lösungen für die Ein- und Verkäufer an, die von vielen Kunden nachgefragt werden. Daher liegt der Schwerpunkt dieser Marktplätze auf Artikel aus der Produktgruppe der C-Teile. Die horizontalen Marktplätze (B2B) eignen sich oft für kleine und mittlere Unternehmen (KMU), für die eine eigene interne Lösung wirtschaftlich überdimensioniert wäre.[23] Primäres Ziel eines horizontalen Marktplatzes ist die effiziente Abwicklung der Beschaffungsprozesse.

Offene – Geschlossene Marktplätze

E-Marktplätze können des weiteren unter dem Gesichtspunkt der Zugangsform unterteilt werden. Offene Marktplätze sind für jedermann nach einer Anmeldung zugänglich. Oft sind branchenübergreifende Marktplätze offen, um einen großen Teilnehmerkreis einzuschließen. Geschlossene Marktplätze sind nur ausgewählten Teilnehmern zugänglich, die unter bestimmten Bedingungen zur Teilnahme am Marktplatz zugelassen werden.

3.2 Funktionen und Dienstleistungen

Ein Marktplatz muss die Teilnehmer während aller Transaktionsphasen unterstützen. Dabei unterscheiden sich die Marktplätze im Umfang der zur Verfügung gestellten Funktionalitäten. In der Regel wird dabei zwischen vier Transaktionsphasen unterschieden.[24]

---

22 Vgl. Simon 2001 Seite 26
23 Vgl. Berlecon Research 1999 Seite 10
24 Vgl. Scheer, Erbach, Schneider, 2002 Seite 946

- Informationsphase: Die Marktteilnehmer erlangen Wissen über das Angebot (Produkte und Leistungen) und bewerten es anhand ihrer Spezifikationen und preislichen Konditionen. Gerade in diesem Bereich sind die Auswirkungen eines elektrischen Marktplatzes erheblich. Denn die Marktveränderungen sind für alle Teilnehmer sofort sichtbar und die Suchkosten können verringert werden.

- Vereinbarungsphase: Durch den Kontakt zwischen den Transaktionspartnern werden die Rahmenbedingungen der Transaktion vereinbart. Dabei stehen Kriterien wie der Preis, die Zahlungsbedingungen, der Liefertermin oder sonstige Lieferkonditionen im Mittelpunkt.

- Abwicklungsphase: Nachdem die Rahmenbedingungen geklärt und vereinbart worden sind, kann es zur Durchführung der Transaktion kommen. Funktionen z.b. zur Zahlungsabwicklung werden angeboten.

- After-Sales-Phase: Die Beziehung zwischen dem Anbieter und Nachfrager endet meistens nicht sofort nach der geschäftlichen Abwicklung. Bei negativen Auswirkungen können Prozesse für den Umtausch oder einer Nachbesserung abgebildet werden. Aber auch im Bereich der Dienstleistung wie z.b. Wartungsverträge für die gekaufte Ware, können als Kundenbindungsmaßnahme direkt angeboten werden.

Neben den bereits erwähnten Hauptaufgaben und der Transaktionsunterstützung eines Marktplatzes, werden meistens noch weitere Funktionen und Dienstleistungen für das effektive Arbeiten angeboten um einen Mehrwert für die Teilnehmer zu schaffen. Dabei wird oft zwischen drei Kernfunktionen unterschieden:[25]

- Integrationsfunktion („connector role"): Die Integrität wird durch die bereitgestellte Infrastruktur des Marktplatzes erfüllt, bei der der Handel zwischen den Marktteilnehmern in Echtzeit erfolgen kann. Die Infrastruktur bietet bereits Funktionen zur Kontrolle der Identität der Teilnehmer, als auch eine sichere Übertragungsmöglichkeit der Daten durch Verschlüsselung. Darüber hinaus werden meistens Möglichkeiten geboten, mehrere Marktplätze untereinander zu verbinden, um so die Angebotspalette auszuweiten und den Nutzen zu erhöhen.

- Dienstleistungen: Für die leichtere Abwicklung von Geschäftsvorgängen werden

---

25 Vgl. Aribica (2000), Seite 7

zusätzliche Dienstleistungen angeboten. So lässt sich ein Marktplatz oft in die E-Procurement Lösung eines Unternehmens in der Art integrieren, dass der Bedarfsträger selber die Bestellung aufgibt, die vereinbarten geltenden Rahmenbedingungen (z.B. Rabattvereinbarungen) kontrolliert und genutzt werden können. Dabei werden individuelle Berechtigungs- und Workfloweinstellungen eingebunden.

- Angebots- und nach Nachfragebündelung: Durch die hohe Anzahl an Marktteilnehmern kann es in Form von Bündelungen zu Größendegressionseffekten kommen. Die Koordination eines Bedarfsbündelung wird durch die elektronischen Plattformen erleichtert. [26]

3.3 Katalogverantwortung

In einem elektronischen Marktplatz ist es wichtig zu unterscheiden, wer der Marktplatzbetreiber / Initiator ist und somit unter anderem die Verantwortung für die Pflege des Produktkatalogs liegt. Der Produktkatalog muss die vielen angebotenen Artikel verschiedener Artikel homogen darstellen. Es wird zwischen drei Varianten unterschieden, die nachfolgend näher erläutert werden.

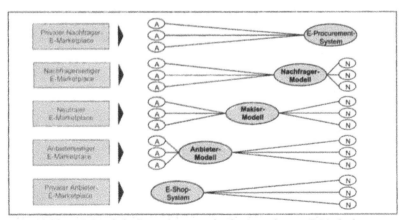

Abbildung 6: Mögliche Systemlösungen für den Betrieb eines E-Marktplatzes

Buy-Side Marktplätze

Bei einem Nachfrager-Modell (Buy-Side) wird der Marktplatz von wenigen Nachfragern betrieben. Als Beispiel kann die der Marktplatz „Convisint"[27] genannt

---

26 Vgl. Aust 2000 S. 17 - 18
27 www.convisint.com

werden, der von den Automobilherstellern General Motors, Ford und Daimler gegründet wurde. Die Nachfrager verfolgen mit ihrem eigenen Marktplatz das Ziel, den Nutzen zu maximieren und die Kosten zu senken. [28] Durch den Zusammenschluss zu sogenannten Nachfragerkonsortien wird z.b. durch Nachfragebündelungen versucht Einfluss auf das Handelsgeschehen zu nehmen. Es wird versucht durch die hohe Absatzmenge einen reduzierten Preis erzielen. Bei Nachfragerkonsortien ist zu beachten, dass über einen Marktplatz wie „Convisint" nicht mehr als 50 Prozent des Gesamtnachfrage abgewickelt werden darf, da nicht mehr von einem Marktplatz ausgegangen werden kann. Andernfalls erfolgt eine „Zulässigkeitsprüfung durch die Kartellbehörde."[29]

Die extremste Form eines Buy – Side Marktplatzes ist, wenn es nur einen Nachfrager gibt. Diese Systeme werden als E-Procurement Systeme bezeichnet. Ein Beispiel ist die Plattform „VWGroupSupply"[30] der Volkswagen Gruppe.

Sell – Side Marktplätze

Bei einem Anbieter Modell wird der Marktplatz von den Anbietern gestaltet. Die Ausrichtung solcher Marktplätze ist sehr informationsorientiert und die Produktdifferenzierung steht im Mittelpunkt.[31] Ein direkter Preisvergleich soll eingeschränkt werden, um so einen größeren monetären Nutzen für die Anbieter zu erzielen und ein Gegengewicht zu bestehenden neutralen Marktplätzen zu schaffen. Der Gewinn wird unter den Anbietern aufgeteilt. Je mehr Anbieter sich zu einem Marktplatz zusammenschließen, desto geringer fällt der individuelle Gewinn aus, so dass Anreize zur Gestaltung eines eigenen Marktplatzes, der dann E-Shop genannt wird, bestehen.[32]

Makler Modell

Beim Makler Modell wird der Marktplatz von einem unabhängigen Marktteilnehmer, der weder als Anbieter noch als Nachfrager auf dem Marktplatz in Erscheinung tritt. Der Makler stellt den Marktbeteiligten einen handelsorientierter Marktplatz zur Verfügung, auf dem er eine unabhängige Vermittlungsleistung erbringt und die Infrastruktur in Form des Marktplatzes bereitstellt. Nach Bailey / Bakos[33] kann die Rolle des Marktplatzbetreibers in zwei Arten unterschieden werden.

Wenn der Marktplatz keinen aktiven zentralen Betreiber hat, so wird den

---

28 Vgl. Bakos (1997), Seite 15
29 Ruff 2003 Seite 23
30 www.vwgroupsupply.com
31 Vgl. Bakos (1991), Seite 12
32 Vgl. Kollmann (2009), Seite 398
33 Vgl. Bailey / Bakos (1997)

Marktteilnehmern lediglich der elektronische Handelsraum zur Verfügung gestellt, auf dem den Teilnehmern ein Überblick über gewisse Themenfelder geboten wird. Die Abwicklung von Transaktionen (z.b. Vermittlung eines Transaktionsobjektes) wird hier nicht geboten.

Bei einem Marktplatz mit einem aktiven zentralen Betreiber wird das Marktgeschehen aktiv durch einen Organisator oder Broker aktiv mitgestaltet. Dieser führt das sogenannte Matching durch, bei dem er die Angebote zu den Suchanfragen koordiniert und anhand definierter Kriterien zuordnet.

Für beide neutralen Marktplatzmodelle ist eine Neutralität und Unabhängigkeit von unternehmerischer Wichtigkeit. Denn die geschaffene Markttransparenz und einer daraus resultierenden Glaubwürdigkeit des Marktplatzbetreibers sind entscheidende Faktoren für den Erfolg eines E-Marktplatzes.

3.4 Geschäftsmodelle / Realisierungsformen

Ein Marktplatz kann auf unterschiedlicher Weise realisiert werden. Dazu stehen mehrere Modelle zur Verfügung, von denen die wichtigsten nachfolgend geklärt werden.

Schwarze Bretter

Schwarze Bretter (Pinboards / Bulletin Boards) sind eine sehr einfache Form von Marktplätzen. Es wird eine Plattform angeboten, auf der die Gesuche der Käufer und die Angebote der Verkäufer in bestimmte Produktkategorien eingetragen werden können. Diese Plattformen ist im Funktionsumfang sehr eingeschränkt und bietet selten weitere Unterstützung für die Abwicklung des Geschäftes, die im Regelfall anschließend über herkömmliche Wege (Telefon, E-Mail) erfolgt.

Auktionen

Bei einer Auktion werden Güter und Dienstleistungen versteigert. Ziel ist es „nach Möglichkeiten die Zahlungsbereitschaft der Nachfrager offenzulegen und den Preis in dieser Höhe festzulegen."[34] Bei den Gütern handelt es sich vornehmlich um direkte und Investitionsgüter. Für die Preisfindung gibt es meistens eine zeitliche Begrenzung und der Prozess erfolgt dynamisch. Es haben sich vier Formen von Aktionen besonders herauskristallisiert, welche offen, vollständig geschlossen oder anonym stattfinden können.

Bei den verkaufsorientierten Auktionsformen wird versucht einen möglichst hohen

---

34 Wirtz (2001), Seite 455

Verkaufspreis zu erzielen:

- Englische Auktion: Es wird so lange geboten, bis nur noch ein Bieter übrig bleibt. Dieser Bieter bekommt den Zuschlag für das höchstes genanntes Gebot.[35]

- Höchstpreisauktion: Die Preisabgabe erfolgt verdeckt und es erhält der Bieter mit dem höchsten Gebot den Zuschlag.[36]

- Vickery Auktion: Es wird genau so wie bei der Höchstpreisauktion vorgegangen, jedoch richtet sich der Preis am zweithöchsten Gebot.[37]

Bei der einkaufsorientierten Auktion wird versucht einen niedrigen Einkaufspreis zu erzielen:

- Holländische Auktion: Bei dieser Auktionsform wird der Startpreis kontinuierlich gesenkt, bis ein Bieter sein Gebot abgibt, so dass dieser Bieter den Zuschlag erhält.[38]

Eine weitere Möglichkeit, die ebenfalls einkaufsorientiert sind, sind sogenannte Reverse Auktionen, die umgekehrt zur Englischen Auktion verlaufen. Der Nachfrager fordert von den Anbietern ein Angebot abzugeben. Der Anbieter mit dem niedrigsten Preis erhält den Zuschlag.

Kataloge

Katalogbasierende Marktplätze bieten in der Regel standardisierte Produkte verschiedener Anbieter an. Die Produktpalette beinhaltet hauptsächlich nach der ABC-Analyse klassifizierten C-Güter an, deren Wert niedriger ist und der Preis meistens fest vereinbart ist und nicht ausgehandelt wird. Dabei wird bei den katalogbasierenden Marktplätzen nach dem Verantwortungsbereich klassifiziert (siehe 3.3).

4 Standards

Da Lösung im Bereich E-Procurement technisch ablaufen, mussten im Laufe der Jahre erst gewisse Techniken und Standard für die Bereitstellung der Informationen entwickeln. Gerade im Zusammenspiel der Marktakteure müssen die Daten von einem zum anderen Marktteilnehmer transportiert und verarbeitet werden. Daneben besteht für die Übertragung die Notwendigkeit, dass der Standard rechtlich anerkannt wird, damit

---

35 Meier, Stormer (2008), Seite 56f
36 Meier, Stromer (2008), Seite 56f
37 Meier, Stromer (2008), Seite 56f
38 Meier, Stromer (2008), Seite 56f

die Vertragsdokumente für beide Vertragsparteien bindend sind.[39]

4.1 Datenübertragung

Die Übertragung von strukturierten Dokumenten ist bereits durch EDI seit Mitte der 1970er Jahre bekannt. Jedoch definiert EDI nicht „ein spezielles Verfahren sondern eine Vielzahl von Standards und Abläufen zum Austausch elektronischer Dokumente."[40]

Für die Übertragung von Daten hat sich unter anderem EDIFACT, das von den Vereinten Nationen entwickelt wurde, als Standard bewährt. Die gesendeten Nachrichten werden in die Nutzdatensegmente, die die eigentlichen Informationen (z.B. Rechnungsdaten) repräsentieren, sowie die Servicedatensegmente, die Steuerungsinformation für die Übertragung beinhalten, unterteilt.[41] Die Struktur sind im EDIFACT starr und fest definiert. Ein weiterer Nachteil dieser Lösungen ist, dass der Inhalt semantisch schwer zu lesen ist. Daher werden Dokumente auch in XML definiert, die aus einer hierarchischen und einfachen Struktur bestehen, und ohne Computerhilfe vom Anwender entziffert werden.[42]

4.2 Produktklassifikation

Ein Katalog besteht in der Regel aus mehreren tausenden Produkten. Daher ist es entscheidend, „Standards einzusetzen, um eine systematische Suche mit erfolgreichem Ergebnis zu ermöglichen."[43] Die EAN, welche aus einer 13stelligen Nummer besteht, wird zwar oft als Zusatzidentifikation eingesetzt, lässt jedoch keine Rückschüsse auf die Produktgruppe zu.[44] Deshalb wird zur Klassifizierung von Produkten oft eCl@ss genutzt, welches hierarchisch aufgebaut ist und in die Ebenen „Sachgebiet", „Hauptgruppe", „Gruppe" und „Untergruppe" unterteilt wird. Dabei wird jede Ebene durch eine zweistellige Ziffer kategorisiert, so dass jedes Produkt durch die vier Ebenenzahlen eindeutig identifiziert werden kann. Zusätzlich steht ein Schlagwortregister mit 51476 Begriffen zur Verfügung, so dass Produkte einfacher gefunden werden können.[45] Durch eine Merkmalleiste können zusätzlich die Merkmale eines Produktes (z.B. Leistung, Masse) beschrieben werden.

---

39 Vgl. Nekolar (2003), Seite 53
40 Hansen, Neumann (2001), Seite 603
41 Vgl. Preißner (2002), Seite 182f
42 Vgl. Schubert (2002), Seite 18
43 Preißner (2002), Seite 203
44 Vgl. Nekolar (2003), Seite 67
45 www.eclass.de

4.3 Datenstrukturstandard

Die Produktdaten eines Kataloges müssen in einer definierten Form für die elektronische Verarbeitung kodiert sein.[46] Der bekannteste Datenstrukturstandard in Deutschland ist das BMEcat und basiert auf XML. Es ist möglich den Katalog mit jeglichen Formen an Informationen (z.B. Video) anzureichern. Dabei unterstützt BMEcat drei Transaktionstypen:

- Übertragung eines Kataloges

- Aktualisieren von Produkten

- Aktualisieren von Preisen

5 Fazit

Es hat sich gezeigt, dass eine strategische Ausrichtung des Einkaufs erstrebenswert ist. Durch die weite Verbreitung des Internets und des günstigen Zugangs können selbst KMU von einer E-Procurement Lösung profitieren. Nach einer anfänglichen Wildwuchsphase haben sich im Laufe der Zeit gewisse Standard in Bezug auf die eingesetzten Techniken (EDIFACT, eC#@ss, BMEcat) durchgesetzt, so dass man mittlerweile von ausgereiften System sprechen kann. Nicht jede Lösung ist für jedes Unternehmen gleich gut geeignet. So versuchen Großunternehmen eine voll integrierte Lösung in die bestehende Infrastruktur einzubinden, die einen hohen Automatisierungsgrad im Prozessablauf aufweist. Kleinere Unternehmen würden schon aus Kostengründen solche Lösungen nicht umsetzen können. Daher eignen sich für solche Unternehmen die Marktplätze um so mehr, da sie dort einen weltweiten Beschaffungsmarkt wiederfinden und Kontakt zu Teilnehmern aufbauen können, die vorher unerreichbar waren. Gerade in der Beschaffung von indirekten (C - Güter) lassen sich wirtschaftliche Einsparungen erzielen. Zusätzlich sollte die verkürzte Bezugsdauer berücksichtigt werden, die bei der immer kürzer werdenden „time-to-market" Zeit. Hier sichert sich das Unternehmen einen klaren Wettbewerbsvorteil. In Zukunft werden die Potentiale von E-Procurement sicherlich weiter ausgedehnt werden. Neben der Beschaffung von indirekten Gütern werden weitere Lösungen und Möglichkeiten entstehen die Beschaffung der direkten Güter ebenfalls zu integrieren.

---

46 Vgl. Preißner (2002), Seite 197

Literaturverzeichnis

Amor, Daniel – E-Business Aktuell 2004 (Trends, Prozesse und Technologien im Unternehmen), Wiley VCH Verlag, Weinheim 2003

Arnold, Ulli – Beschaffungsmanagement, 2. Auflage, Schäffer-Poeschel Verlag, 1997

Backhaus, Manuel – Ein Rezept zur Verbesserung der Wettbewerbssituation von Unternehmen, in: Bogaschwsky, R. (Hrsg.) , Elektronischer Einkauf – Erfolgspotentiale, Praxisanwendungen, Sicherheits- und Rechtsfragen, BME- Expertenreihe Band 4, Deutscher Betriebswirte-Verlag, Gernsbach 1999

Backos, J. Yannis – The Emerging Role of Electronic Marktplaces on the Internet, in: Communications of the ACM, VOL. 41, Nr. 8, 1998

Brenner, Walter; Wenger, Roland – Elektronische Beschaffung / Stand und Entwicklungstendezen, Springer Verlag, Berlin 2007

Bullinger, Hans-Jörg; Berres, Anita – E-Business: Handbuch für den Mittelstand, Springer Verlag, 2000

Hansen, H. R; Neumann, G. - Wirtschaftsinformatik 1 – Grundlagen betrieblicher Informationsverarbeitung, Lucius & Lucius Verlag, 2001

Held, Tobias – Integration virtueller Marktplätze in der Beschaffung, Gabler Verlag, 2003

Kollmann, Tobias – E-Business: Grundlagen elektronischer Geschäftsprozesse in der Net Economy 3. Auflage, Gabler Verlag,Wiesbaden 2009

Meier, Andreas; Stormer, Henrick – EBusiness & Ecommerce: Management der digitalen Werköpfungskette

Nekolar, Alexander-Philip – e-Procurement, Springer Verlag, Berlin 2003

Nenninger, Michael - Electronic Procurement (Neue Beschaffungsstrategien durch Desktop Purchaising Systeme), KPMG, München 1999

Peißner, Andreas. - Electronic Procurement in der Praxis - Die neue Beschaffung: Systeme, Prozesse, Organisation , Hansa Fachbuchverlag, München Wien 2002

Pfleghar, Thilo; Decker, Wilfried – Erfolgsfaktor Data Warehouse in der Beschaffung; in: Buchholz, Wolfgang; Werner, Hartmut (Hrsg., 2001), 2001

Ruff, Andeas – Vertiebsrecht im Internet: der Vertrieb von Waren und Dienstleistungen Springer Verlag, 2003

Scheer, A.-W; Erbach, F.; Schneider, K. - Elektronische Marktplätze in Deutschland: Status quo und Perspektiven, in WISU – Das Wirtschaftsstudium, 31. Jg (2002), Heft 7

Schubert, Petra - E-Procurement: Elektronische Unterstützung der Beschaffungsprozesse in Unternehmen, in: Schubert, Petra; Wölfle, Ralf; Dettling, Walter (Hrsg.), Procurement im E-Business: Einkaufs- und Verkaufsprozesse elektronisch optimieren, Hanser Verlag, München Wien 2002

Simon, Alan R.; Shaffer, Steven L. - Morgan Kaufmann Verlag, 2001

Stoll, Patrick – Der Einsatz von E-Procurement in mittelgroßen Unternehmen, Gabler Verlag, Wiesbaden 2008

Stoll, Patrick – E-Procurement: Grundlagen, Standards und Situation am Markt, Vieweg + Teubner Verlag, Wiesbaden 2007

Voigt, Kai-Ingo; Landwehr, Stefan; Zech, Armin – Elektronische Marktplätze

Wannenwetsch, Helmut – Erfolgreiche Verhandlungsführung in Einkauf und Logistik, 3. Auflage, Springer Verlag, Berlin 2008

Wannenwetsch, Hemlut - E-Logistik und E-Business, Kohlhammer Verlag, 2002

Warschun, Mirko – Internetbasierte Beschaffung im Konsumgüterhandel (2002) S. 34

Wirtz, Bernd W. - Electronic Business, 2. Auflage, Gabler Verlag, Wiesbaden 2001

Internetquellen

Horst Wildemann – Strategischer Einkauf im Mittelstand
  http://www.tcw.de/uploads/html/publikationen/aufsatz/files/Strategischer_Einkauf.pdf
  Letze Einsicht: 22.11.2010

KPMG Konsulting (2001) – Electronic Procurement (Chancen, Potentiale, Gestalungsansätze)
  http://www.competence-site.de/e-procurement/E-Procurement-Chancen-Potenziale-Gestaltungsansaetze
  Letzt Einsicht: 22.11.2010

Aribica Inc. - B2B Marketplaces in the New Economy, 2000
  http://www.ariba.com/pdf/B2B_Mkts_white_paper.pdf
  Letzte Einsicht: 22.11.2010

Berlecon Research (Hrsg) (1999) Virtuelle B2B Marktplätze S. 10
  http://www.nwir.de/archiv/NWIR%203/Elektronische%20Marktplaetze.pdf
  Letzte Einsicht: 22.11.2010

Abbildungsquellen

Abbildung 1: Vgl. Pfleghar/Decker 2001 Seite 117

Abbildung 2: Vgl. Stoll 2007 Seite 12

Abbildung 3: Vgl. Nekolar 2003 Seite 4f

Abbildung 4: Vgl. Wannenwetsch 2002 Seite 47

Abbildung 5: Vgl. Kollmann 2009 Seite 380

Abbildung 6: Vgl. Kollmann 2009 Seite 397